# LA COMMUNE DE PARIS

ET

# L'AFFRANCHISSEMENT DES COMMUNES

# LA
# COMMUNE DE PARIS

ET

## L'AFFRANCHISSEMENT DES COMMUNES

PAR

## VICTOR STADT

Ex-Rédacteur du *Journal de Bordeaux*, du *Bordelais*, du *Figaro Gascon*, du *Figaro Bordelais*, de l'*Écho Girondin*. — Auteur de *Paris-Capitale*.

—✦◇◇◇✦—

BORDEAUX

CHEZ M. FERET, LIBRAIRE, COURS DE L'INTENDANCE, 15,

ET CHEZ L'AUTEUR, RUE DELURBE, 30

——

1871

I

La guerre était terminée... La paix était faite,
mais à quel prix, hélas!... Le cœur de tout bon
Français saigne encore au souvenir de notre humi-
liation, de nos douleurs et de nos pertes!

Comme au sortir d'un rêve affreux, on respirait
enfin, et l'espoir pénétrait doucement dans l'âme at-
tristée.

On n'était pas encore au printemps, mais les
beaux jours devançaient l'heure où la nature se ré-
veille après la longue nuit de l'hiver.

De bien des yeux maternels couleraient encore des
larmes, car la mort — *pallida mors*, dit Horace, —
avait largement accompli sa terrible besogne, mais
Dieu donnait de nouveau la joie aux mères privilé-

giées en leur affliction, en leur rendant des fils qu'elles croyaient perdus.

On espérait, ai-je dit; et l'on se disait qu'avec de la sagesse, de la patience, de la persévérance, — trois vertus fort utiles en tout temps, mais surtout aux époques critiques, — il serait possible de surmonter bien des obstacles, d'aplanir bien des difficultés, et d'arriver un jour — pas trop lointain — au but suprême, c'est-à-dire au calme heureux des esprits, à l'apaisement des passions politiques, à l'extinction des haines, à l'union — d'une perfection relative — mais consolante des partis, à la tranquillité publique, à cette paix véritable d'une nation qui est l'avant-coureur des réformes sages, des contrôles éclairés, des libertés raisonnables octroyées, etc., etc.

C'était un beau rêve, un espoir des plus consolants.

Le rêve s'envola bien vite, hélas! L'espoir fut éphémère comme la fraîcheur de la rose.

Depuis longtemps déjà, — tantôt dans l'ombre, tantôt dans des réunions publiques, tantôt même, avec une audace effrayante, en des écrits inspirés par la haine et la négation des principes les plus respectables qui soient au monde, — des hommes indignes du nom de Français préparaient une révolution à laquelle ils avaient accolé l'épithète de radicale.

Profitant de circonstances qui rendaient possible l'exécution de leurs plans ténébreux et abominables,

ils osèrent en plein Paris, alors que l'étranger enva-
hisseur et victorieux était maître des forts de l'an-
tique Capitale, soulever des masses de citoyens
aveuglés ou pervertis, et les exciter brutalement et
soudainement à la guerre civile, la plus horrible des
guerres.

En peu d'heures, l'insurrection du 18 mars fut un
fait accompli.

Savez-vous, lecteurs, ce que c'est que cette insurrection qui a eu des conséquences si désastreuses et
si épouvantables?

Un membre du Conseil municipal de Bordeaux (1,
l'a dit en termes tels. que je crois utile de les reproduire ici.

« C'est l'acte le plus criminel que l'on rencontre dans
notre histoire; une insurrection comme on n'en a jamais
vu de semblable, une insurrection sous les canons de
l'ennemi; c'est-a-dire que ce n'est pas une révolte, c'est
une trahison, un crime de lèse-France et de lèse-Répu-
blique.

» Au reste, il suffit de voir quels sont les auteurs de
cet acte pour deviner ce qu'il peut être.

» Je suis toujours surpris que les personnes qui pro-
fessent des opinions républicaines et démocratiques
aient pu avoir la moindre hésitation à l'endroit de la
Commune, en voyant qui était à sa tête et qui n'y était
point.

» Pour diriger ce mouvement, on n'a trouvé (à part
quelques rares exceptions que je ne m'explique que par

---

(1) M. Barckausen. — Séance du 11 août.

une excitation morbide des facultés intellectuelles ou par une inexpérience complète des affaires) on n'a trouvé, dis-je, que les fruits secs de notre société. Au moment où les coupables sont devant leurs juges, je ne veux discuter la personnalité d'aucun d'eux, je me vois forcé de m'en tenir à une appréciation générale. Eh bien! je le répète, les chefs de la Commune sont les fruits secs de notre société : des négociants sans affaires, des avocats sans clients, des médecins sans malades, des journalistes sans journaux et des rentiers sans rentes, gens à grands appétits et à capacités médiocres; de plus, souvent, d'activité négative et d'honorabilité douteuse. N'oublions pas, en effet, que, dans la Commune, il y avait plus d'un membre dont les rapports avec la police impériale ont été suspects bien avant le 4 septembre. »

C'est entre les mains de ces hommes, ennemis de la société, sans foi ni loi, — dont la belle intelligence de quelques-uns d'entre eux était profondément viciée comme leur cœur, — que furent, durant les préparatifs et la durée du second siége, les destinées de Paris, la grande Cité !...

Pygmées politiques, imitateurs ridicules des personnages fameux — trop fameux de notre première révolution, mais agissant avec l'idée fixe d'arriver au but de leurs désirs criminels, nullement arrêtés en leur marche par des scrupules d'honnêteté, de conscience, etc., que voulaient-ils? — « ... le pouvoir : rien de plus, rien de moins... Disposer de la fortune publique afin de faire leur fortune particulière (1). »

---

(1) *Le Livre noir de la Commune de Paris.* — Bruxelles, 1871.

— Que leur fallait-il? — « ... de l'argent, des plaisirs, des honneurs et des femmes (1). »

Pour se procurer de l'argent, des plaisirs et des femmes, ils ont commis les excès et les crimes que l'on sait.

Voleurs, assassins, incendiaires, que manquait-il donc à de tels hommes pour être des monstres à face humaine, pires que les bêtes les plus sauvages et les plus repoussantes? Rien, en vérité ; et ils sont entrés dans l'histoire, — malheureusement, hélas ! — couverts de sang, une main pleine d'or, l'autre tenant une torche enflammée...

---

(1) *Le Livre noir de la Commune de Paris.* — Bruxelles, 1871.

## II

Après la capitulation de Paris, après l'entrée des Prussiens dans la capitale, dont le séjour fut de courte durée, après l'affaire de Montmartre, la construction des barricades, etc., eut lieu la résurrection de la Commune ; c'est le 28 mars qu'elle fut proclamée — pour la troisième fois — sur la place de l'Hôtel-de-Ville.

Cette Commune — au sein de laquelle de vrais bandits implantèrent la tyrannie — fut une nouveauté pour les Parisiens, mais non pour notre histoire nationale.

Elle reparut en France avec la Révolution.

« L'administration municipale de Paris, depuis 1789 jusqu'aux journées de prairial an III, fut un des corps

constitués qui imprimèrent à la Révolution le plus
d'activité et de vigueur. Ce fut un pouvoir à part, se
posant comme le représentant, non pas de la cité pari-
sienne, mais des intérêts généraux du pays. Quand la
tempête commença à gronder, les électeurs de la capitale s'emparèrent de l'autorité municipale, qui était
tout un gouvernement pour cette ville immense ; ils se
constituèrent en *comité permanent*, chargé de toutes les
branches de l'administration de la cité, et bientôt après
Bailly fut nommé par eux maire de Paris. Mais quand
furent passés les premiers jours de crise qui suivirent
la prise de la Bastille, les soixante districts de la capitale réclamèrent vigoureusement contre cette administration qui s'était improvisée et à laquelle manquait la
sanction populaire. Il fut décidé que chaque district
nommerait deux députés pour travailler au plan d'une
nouvelle municipalité et administrer provisoirement la
ville. Leur premier acte fut de confirmer la nomination
faite, par les électeurs, de Bailly comme maire et de
Lafayette comme commandant général de la garde
nationale. Les cent vingt officiers municipaux firent
pour la première fois l'essai de leur puissance en ordon-
nant l'arrestation de Bezenval et en demandant à l'Assemblée nationale un tribunal destiné à juger les
crimes de lèse-nation. Bientôt commencèrent les tra-
vaux de la municipalité provisoire ; ils furent immen-
ses. Elle ne tarda pas à se constituer d'après un plan
nouveau. Le nombre de ses représentants fut une première fois fixé à cent quatre-vingts, puis porté à trois
cents. Elle eut un tribunal connaissant entre autres
objets, de toutes les matières concernant la police des
ports et l'approvisionnement de la capitale. A ce tribunal elle ajouta une *chambre de police*, composée de
huit notables adjoints, prononçant en matière de sim-
ple police, un *tribunal du contentieux*, espèce de cour
d'appel de la chambre de police, connaissant de tout ce
qui était autrefois porté devant le prévôt des mar-

chands. Enfin les deux cent quarante représentants de
la Commune, non administrateurs, formaient ce que
l'on nommait alors le conseil général de la Commune.
Danton était l'un de ces membres.

» La Commune de Paris prit part aux journées d'octobre, en donnant ordre à Lafayette de conduire à Versailles la garde nationale et le peuple qui entourait
l'Hôtel-de-Ville. Après les journées d'octobre, elle ins-
titua son *comité des recherches*, dont faisaient partie,
entre autres, Garran de Coulon et Brissot de Varville,
et qui fit instruire le procès du prince de Lambesc,
celui de Bezenval, dans lequel il enveloppa les anciens
ministres Barentin, de Puységur, le maréchal de Bro-
glie et le major général d'Autichamp; celui du nommé
Augeard, auteur d'un projet pour conduire Louis XVI
à Metz; celui des *enrôlements,* levée d'un corps de
troupes appelées *gardes du roi surnuméraires*, qui
devaient concourir à l'exécution de ce plan d'enlève-
ment; celui, enfin, qui avait trait aux événements qui
s'étaient passés le 6 octobre au château de Versailles.
Bientôt vint aussi le procès de Favras, dans lequel
Monsieur (depuis Louis XVIII) crut devoir venir pro-
tester de son innocence devant les représentants de la
Commune, siégeant à l'Hôtel-de-Ville.

» La municipalité de 1789 élabora très-longuement
un nouveau plan d'organisation, que n'adopta pas
l'Assemblée nationale; elle donna sa démission en
avril 1790, se réservant toutefois de siéger jusqu'à son
remplacement. D'après le nouveau mode voté par l'Assemblée nationale, Paris se divisa en quarante-huit
sections; la Commune fut composée d'un maire, de
quarante-huit officiers municipaux, dont seize administrateurs, de quatre-vingt-seize notables, du procu-
reur-syndic et de ses substituts. Les sections réunies
nommaient le maire. Ce fut encore Bailly qui fut élu.
La nouvelle Commune fut installée en octobre 1790.
Elle vit ses attributions administratives accrues surtout

par suite de la surveillance et de la vente des biens nationaux. Les grands jours de crise furent pour elles la tentative de démolition du donjon de Vincennes, la journée des poignards aux Tuileries, la fuite du roi, et enfin la journée du 17 juillet 1791, où elle fit proclamer la loi martiale au Champ-de-Mars, et employer les armes contre ceux qui s'y étaient réunis pour signer la déchéance de Louis XVI. Cette municipalité créa le papier-monnaie municipal, connu sous le nom de *billlets de confiance,* création qui devait plus tard occasionner une crise financière à la Commune, laquelle dut, en 1792 et 1793, demander des fonds à la Convention pour le remboursement de ces billets.

» Le 16 novembre 1791 eut lieu l'élection d'un nouveau maire, en remplacement de Bailly : les deux candidats étaient Lafayette, représentant le parti constitutionnel, et Pétion, représentant le parti républicain. Pétion fut élu. La nouvelle municipalité fut installée le 2 janvier 1792. Manuel fut nommé procureur de la Commune. Les événements du 20 juin eurent leur contre-coup dans la Commune. Le conseil général suspendit de leurs fonctions Pétion et Manuel pour la part qu'ils avaient prise à cette journée, suspension qui fut l'objet d'une vive discussion dans l'Assemblée législative, et qui fut levée pour Pétion par celle-ci, qui sursit à statuer sur celle de Manuel jusqu'à ce qu'il eût été entendu.

» Des élections nouvelles communales eurent lieu quand le canon du *10 août* retentissait encore à l'oreille des citoyens, et la fameuse Commune dite du *10 août* en sortit tout imprégnée d'idées révolutionnaires et jacobines, toute disposée à appuyer le parti montagnard dans la lutte qu'il allait entamer contre les *Girondins,* et à l'y pousser s'il montrait quelque hésitation. Dans son sein, Pétion et Manuel continuèrent à remplir leurs fonctions de maire et de procureur; elle eut la garde du roi, et ce fut elle qui choisit le Temple pour son logement. Elle demanda une loi sur les passe-ports, afin d'arrêter l'évasion des conspirateurs, et la création d'une cour martiale pour les juger. On a accusé la Commune du 10 août d'avoir pris une part active aux massacres de septembre, qu'elle aurait provoqués, et l'on a argué pour cela d'un argument dont on a dénaturé le sens (1). Que la Commune ait laissé faire, cela est certain, mais qui sait si elle eût pu empêcher cette boucherie qui s'exécutait de sang-froid aux prisons, devant plusieurs milliers de gardes nationaux armés (2)?

» . . . . . . . . . . . . . . . . . . . . . . . . . . . . . .

» La Commune fut constamment en lutte, à cette époque, soit avec le ministre de l'intérieur Roland, soit avec les Girondins, qui l'avaient plusieurs fois dénoncée à la Convention comme se livrant à des excès de pouvoir, et qui insistèrent souvent pour l'amener à une reddition de comptes, qu'elle ne pouvait faire qu'assez imparfaitement. C'est elle qui, dans ces temps de disette et d'accaparements, demanda la première la création du *maximum*.

---

(1) Ici quelques détails trouvent leur place.

« ... Danton et ses amis organisent un affreux complot. On avait, depuis quelque temps, incarcéré un très-grand nombre de personnes déclarées *suspectes* par leur état, leurs opinions ou leur conduite; les nobles surtout et les prêtres non assermentés remplissaient les prisons. Sous prétexte de délivrer la France de ses ennemis intérieurs, la *Commune*, à la nouvelle de la prise de Verdun (par les Prussiens), fait tirer le canon, sonner le tocsin et fermer les barrières. Puis une troupe de trois cents assassins se porte aux prisons pour y égorger les malheureux détenus.

» . . . . . . . . . . . . . . . . . . . . . . . . . . . . . .

» Paris était dans la terreur. L'Assemblée elle-même, en protestant contre les massacres, n'avait pu les empêcher. » (M^lle Augustine Gombault. — *Abrégé méthodique d'histoire de France.* p. 747. — Paris, 1839.)

(2) Voir Lamartine : *Histoire des Girondins*. tome III. p. 316 et suivantes.

» De nouvelles élections eurent lieu en décembre 1792; d'Ormesson, élu maire, n'accepta pas, et fut remplacé par Chambon; Chaumette, devenu procureur de la Commune, eut Hébert et Réal pour substituts. Cette municipalité continua contre les Girondins le rôle agressif de la Commune du 10 août. Elle prit les mesures les plus sévères contre Louis XVI et contre tous ceux qui l'approchaient; elle fut en conflit avec la Convention à propos de l'*Ami des Lois,* de Laya, dont elle suspendit les représentations, en motivant cet acte sur les tendances contre-révolutionnaires de la pièce. Peu de temps après, un nouveau maire fut nommé : ce fut Pache. Des remplacements, des épurations, renouvelèrent complètement la face de la Commune. Cette nombreuse Assemblée prit une part très-active aux grandes crises de cette époque; au 10 mars, elle demanda l'établissement d'un tribunal révolutionnaire sans appel, et la Convention décréta qu'elle avait bien mérité de la patrie; plus tard, elle demanda un décret d'accusation contre Dumouriez, puis l'arrestation des Girondins. Elle se déclara en permanence lors de la première arrestation d'Hébert, ordonnée par la Convention à l'instigation des Girondins. Lors de l'arrestation de Chaumette, en 1794, le conseil général déclara que le prisonnier avait conservé toute sa confiance, ce qui à cette époque nécessita dans son sein de nombreuses épurations.

» Le comité de salut public élimina provisoirement Chaumette et Hébert de la Commune. Pache, ayant été mis en arrestation, ce même comité nomma provisoirement à sa place Fleuriot-Lescot, qui fut maire jusqu'au 9 thermidor. Lors des événements de cette journée, la Commune de Paris était toute dévouée à Robespierre; la Convention, prête à combattre, mit ses membres insurgés hors la loi; victorieuse, elle en envoya quatre-vingt-treize au bourreau, non compris le maire Fleuriot-Lescot. Le 14 fructidor, une nouvelle organisation de la Commune de Paris fut décrétée sur la demande de Fréron. Dès ce moment elle cessa d'être redoutable à la Convention. Aussi, lors des événements de prairial, un rassemblement se porta-t-il à la Commune pour se substituer à elle et proclamer Chambon maire de Paris; mais les individus qui le composaient furent mis hors la loi par la Convention. Se bornant désormais à remplir ses fonctions administratives, la Commune, malgré sa nouvelle institution et le peu de désir qu'avaient ses membres de se mêler aux grands mouvements politiques, subit encore une nouvelle et dernière transformation, qui ôta à son maire la puissance que peut acquérir l'administration d'une cité d'un million d'âmes. La capitale fut alors divisée en douze arrondissements, régis chacun par un maire et des adjoints. Dès ce moment, le nom de *Commune de Paris* ne fut plus qu'un souvenir historique (1). »

Il est en France une mode — ou une habitude. qui remonte à d'assez nombreuses années, — c'est de lire beaucoup de livres frivoles, de romans aux péripéties abondantes, mais peu d'ouvrages sérieux. surtout peu d'histoire et de documents historiques. Bien des faits importants, bien des détails curieux sont ainsi méconnus. Chose extrêmement regrettable.

Je crois donc utile de reproduire ici, pour ceux qui ne les ont pas lues, quelques lignes de l'acte

(1) Napoléon Gallois. — *Dictionnaire de la Conversation.* tome VI. p. 146.

2

d'accusation lu à la première audience du 3ᵉ conseil
de guerre de Versailles :

« Il serait oiseux de reprendre en détail les actes du
pouvoir insurrectionnel qui, pendant deux mois, pesa
sur Paris par la terreur. A qui veut les embrasser dans
une vue générale, ils n'offrent qu'incohérence et con-
tradiction. Aucun système ne préside à leur concep-
tion. L'intérêt ou la passion du moment semble seul
les déterminer. Un caractère commun les domine
cependant, le mépris audacieux de tous les droits que
la Commune s'était donné la mission de protéger, et en
même temps l'imitation servile des procédés gouver-
nementaux de 1793.

» Le plagiat du comité de salut public après le plagiat de la Commune, la loi des suspects, la constitution
d'un tribunal révolutionnaire, la mise en accusation
des chefs militaires que la fortune a trahis, tout, en un
mot, en attendant les massacres de septembre dans
l'assassinat des otages.

» Le 2 avril, les opérations militaires s'engageaient;
elles se continuaient sans interruption jusqu'au
28 mai. Elles ne furent pour la Commune qu'une suite
de revers et qu'un prétexte à de nouveaux crimes.

» Dès le premier jour, au moment où la lutte allait
s'engager, le médecin en chef de l'armée, revêtu de ses
insignes, s'avança entre les combattants pour faire un
appel suprême à la conciliation, il est lâchement assas-
siné par les troupes de l'insurrection. Puis, comme si
elle voulait se venger de ses défaites sur les membres
du Gouvernement, la Commune les met en accusation
et séquestre leurs biens; elle ordonne que la maison
de M. Thiers sera démolie; enfin, envieuse de toutes
les gloires, sans respect pour les grands souvenirs du
pays, sous les yeux mêmes de l'étranger vainqueur,
elle décrète que la colonne Vendôme sera détruite!

» Ce n'est pas assez. Elle a recours au système impie des otages; elle prend ses victimes dans les rangs les plus élevés de la magistrature et du clergé. L'archevêque de Paris, le curé de la Madeleine, d'autres ecclésiastiques encore, des religieux vont rejoindre à la Conciergerie le président Bonjean, arrêté vers les derniers jours de mars.

» Faut-il mentionner à côté de ces faits qui dominent tous les autres, la violation journalière du domicile privé, les vols de toute sorte qui s'abritent sous le voile de perquisitions arbitraires, les arrestations illégales, le pillage organisé, la poursuite barbare des réfractaires?

» Dès le commencement d'avril, les biens du clergé avaient été frappés de confiscation. Ce fut dès lors, à travers les couvents et les églises de la capitale, une suite non interrompue d'inquisitions odieuses et de spoliations sacrilèges. »

Triste mais saisissant tableau des événements dont Paris fut le théâtre !

Et c'est en France, dans ce dix-neuvième siècle qui a vu s'accomplir de belles et grandes choses, qu'ont régné — durant des jours à jamais néfastes — une telle barbarie enfantant de pareils crimes !

O souvenirs affreux qui seront éternels dans l'âme des vrais patriotes ! O pressentiments lugubres, craintes de tous les instants, perspectives effrayantes de l'avenir !

La société française — sous les traits d'une femme, comme la République, — n'a-t-elle pas suspendu sur la tête une menace terrible, semblable au glaive de Damoclès ?

L'*Internationale* n'est-elle pas là, dans l'ombre, travaillant sourdement à la réalisation de ses projets infâmes, inspirés par les passions abjectes et l'absence totale d'esprit religieux?

. Que le ciel nous préserve du débordement destructeur de cette marée montante du crime.

Ne sommes-nous point assez punis?

Humiliés dans nos sentiments patriotiques les plus chers, dans notre noble fierté de citoyens français, fils d'une nation.qui semblait marcher à la tête du monde civilisé, dans notre croyance à la durée des grands principes inspirant les actions héroïques et sublimes, que devons-nous encore redouter du courroux céleste permettant, pour nous châtier d'une façon terrible, les crimes abominables de Français indignes de porter ce nom adoré?...

## III

En voyant à l'étalage des libraires tant de livres
sur la couverture desquels le mot *Commune* était
imprimé, l'idée me vint de faire des recherches concernant *l'affranchissement des communes en France*.

Le lecteur me pardonnera d'avoir consacré tant
de pages à la *Commune de Paris,* mais j'ai une double
excuse : d'un côté, l'amour profond des documents
historiques ; et de l'autre, la tentation de l'actualité,
qui a pour les journalistes et les publicistes un attrait
réel.

Le public, en général, n'est pas indifférent à cet
attrait-là.

Je compte sur sa bienveillance. Et je lui offre
cette brochure comme je lui ai offert, il y a deux

mois, *Paris-Capitale* : c'est-à-dire avec le doux espoir de lui plaire.

———————

En faisant les recherches dont j'ai parlé plus haut,
je me suis rendu compte d'une chose, et la voici :
ce sont les anciens historiens qui ont adopté le pré-
jugé — généralement adopté — que l'affranchissement des communes est dû à Louis VI, ou, si vous
voulez, Louis-le-Gros.

J'ai trouvé dans les *Lettres sur l'histoire de France*,
d'Augustin Thierry, la réfutation longuement et
remarquablement motivée de cette grave erreur.
accréditée par Mézeray, Velly et Anquetil.

Voici quelques passages de ces *Lettres* .

« Nous nous figurons Louis VI, en partie par bienveillance, en partie par intérêt, concevant le projet
d'affranchir toutes les villes qui existent depuis le cours
de la Somme jusqu'à la Méditerranée, et léguant à ses
successeurs cette noble tâche à poursuivre. Louis-le-
Gros devient ainsi, dans notre opinion, le promoteur
de l'émancipation communale, le patron des libertés
bourgeoises, le régénérateur du tiers-état. Ces beaux
titres lui sont même confirmés par le préambule de notre
charte constitutionnelle, mais l'autorité de cette charte,
souveraine en matière politique, est de nulle valeur en
fait d'histoire.

» Pour apprécier au juste la part qu'eut Louis-le-Gros
à ce qu'on appelle, d'un nom beaucoup trop modeste,
l'affranchissement des communes, il faut d'abord exa-
miner dans quelles limites territoriales un roi de France,
au commencement du douzième siècle. exerçait la

puissance législative. En se dégageant de toute illusion
et en examinant les faits, on trouvera que le pouvoir
royal ne régissait alors qu'une partie et une très-petite
partie de la France actuelle. Au nord de la Somme on
entrait sur les terres du comte de Flandre, vassal de
l'empire d'Allemagne; la Lorraine, une partie de la
Bourgogne, la Franche-Comté, le Dauphiné étaient sous
la suzeraineté de cet empire. La Provence, tout le Lan-
guedoc, la Guienne, l'Auvergne, le Limousin et le Poitou
étaient des états libres, sous des ducs ou des comtes qui
ne reconnaissaient aucun suzerain, ou en changeaient
à volonté. La Bretagne était de même un état libre;
la Normandie obéissait au roi d'Angleterre, et enfin
l'Anjou, quoique soumis féodalement au roi de France,
ne reconnaissait, en aucune manière, son autorité admi-
nistrative. Il n'y avait donc pas lieu pour Louis VI
d'affranchir par des ordonnances les villes de ces diffé-
rents pays, et les grandes vues qu'on lui prête ne pou-
vaient se réaliser qu'entre la Somme et la Loire. Or,
comment se fait-il, si c'est ce roi qui est le législateur
des communes, qu'on les voie s'établir dans toute
l'étendue de la Gaule, et en plus grand nombre dans
les provinces indépendantes de la couronne, par exemple
dans celles du Midi? Bien plus, dans ces dernières provinces, le régime communal, avec tous ses caractères,
se révèle à une époque antérieure à la date des sept ou
huit chartes où figure le nom de Louis-le-Gros. Il est
vrai que personne ne s'avise d'attribuer positivement à
ce roi la fondation des communes d'Arles, de Marseille,
de Nîmes, de Toulouse, de Bordeaux, de Rouen, de Lille,
de Cambrai, etc.; mais nos écrivains, groupant tous les
faits autour de la personne des rois, négligent l'histoire
de ces communes, tant qu'elles ne relèvent point de la
couronne. C'est seulement lorsqu'une conquête ou un
traité les agrége au royaume de France, et qu'une charte,
scellée du grand sceau, vient reconnaître et non créer
leurs franchises, qu'on juge à propos d'en faire mention.

Ainsi les libertés immémoriales prennent l'air de concessions récentes; toute commune semble une pure émanation de la volonté royale; et Louis-le-Gros, comme premier en date, a l'honneur de l'initiative. De là vient que Beauvais et Noyon passent pour les plus anciennes communes de France : assertion vraie si l'on réduit le nom de France à ses limites du douzième siècle, et fausse si on l'applique à tout le territoire sur lequel il s'étend aujourd'hui. »

Louis-le-Gros a-t-il été, comme on le prétend, le fondateur des communes? L'idée de ce genre d'institution lui appartient-elle? C'est l'opinion commune. Ouvrez la plupart des histoires de France, et vous y lirez que l'événement le plus important du règne de Louis VI est, sans contredit, l'établissement des communes.

Certains historiens disent bien : *Quelle que soit la part* que Louis VI, dit le Gros, ait prise à leur formation, etc. Ce qui ne les empêche point de lui en attribuer le mérite.

M. Guizot a écrit :

« Pendant longtemps, c'est au douzième siècle qu'on a rapporté la première formation des communes françaises, et on a attribué cette origine à la politique et à l'intervention des rois. De nos jours, ce système a été combattu et avec avantage (1). »

Il l'a été par Augustin Thierry, dans la treizième de ses *Lettres sur l'histoire de France,* déjà citée plus

(1) *Dictionnaire de la Conversation,* tome VI, p. 147.

haut, et que je vous conseille de lire en son entier.
Vous y trouverez des renseignements fort utiles, et
que beaucoup de personnes, même d'une certaine
instruction, ignorent probablement.

Raynouard, dans son *Histoire du droit municipal
en France, sous la domination romaine et sous les trois
dynasties,* tome II, p. 177 (ouvrage publié en 1829),
a écrit les lignes suivantes :

« Aux personnes impartiales, que les faits et les titres,
précédemment exposés, auront pleinement convaincus
de l'existence et de l'exercice du droit municipal en
France, sous les trois dynasties, regretteraient peut-être
qu'en dernier résultat, ces preuves si précises et si va-
riées manquassent d'un complément utile et désirable.
Ces personnes voudraient sans doute acquérir la certi-
tude que, parmi les nombreuses cités qui, dans l'origine,
et sous la domination romaine, jouissaient incontesta-
blement de la liberté municipale, quelques-unes en con-
servèrent l'exercice jusques à l'époque de l'établissement
des communes. »

Cet auteur, très-compétent en pareille matière,
cite plus loin les noms des villes dont le droit municipal avait précédé l'établissement même de la mo-
narchie. Ces villes sont : Périgueux, Narbonne,
Bourges, Nimes, Marseille, Metz, Arles, Paris, Toulouse et Reims.

M. Guizot (1) pose cette question :

« Fut-ce un très-grand malheur que la perte des anciennes libertés communales? »

---

(1) *Dictionnaire de la Conversation,* tome VI, p. 152.

Et il ajoute :

« Je crois que si elles avaient pu subsister et s'adapter au cours des choses, les institutions, l'esprit politique de la France y auraient gagné. Cependant, à tout prendre, la *centralisation* qui caractérise notre histoire a valu à notre France beaucoup plus de prospérité et de grandeur, des destinées plus heureuses et plus glorieuses qu'elle n'en eût obtenu si les institutions locales, les indépendances, les idées locales, y fussent demeurées souveraines ou seulement prépondérantes. Sans doute nous avons perdu quelque chose à la chute des communes du moyen-âge, mais pas autant, à mon avis, qu'on voudrait nous le persuader. »

Est-il possible de concevoir une société sans une *centralisation* quelconque? Non, assurément. Mais il me semble que M. Guizot donne à la *centralisation* une puissance qu'elle ne peut avoir qu'au détriment des libertés communales, et que la perte de ces libertés fut un malheur pour la France.

Odilon-Barrot a écrit :

« ... Par une conséquence forcée, toute forme de Gouvernement qui appauvrit et affaiblit l'individu, appauvrit et affaiblit par cela même l'État. »

En tenant compte des circonstances exceptionnelles où la concentration de tous les pouvoirs dans les mêmes mains devient une nécessité, et une condition *sine quâ non* de succès, il est aisé de voir, en lisant l'histoire, que tout pouvoir absolu — c'est-à-dire la *centralisation* faite homme, ou gouvernement de plusieurs hommes, — a eu bien souvent, hélas! des effets désastreux pour le pays ou pour les individus.

Il en est d'une nation comme du corps humain : si toute la vie montait à la tête, les autres membres refuseraient bientôt leur service, et l'absorption des forces vitales ne tardant pas à déranger le cerveau, trop faible pour les contenir toutes, la mort ferait vite sa besogne.

De même pour une nation : si un gouvernement absolu (faisant de la *centralisation* — dans une ville privilégiée — un acte permanent) accapare tous les pouvoirs et toutes les forces individuelles, c'est le règne du despotisme au sein d'une cité dominatrice, ce sont les libertés des communes et des individus détruites, c'est le dépérissement moral et physique du pays, et peut-être sa ruine complète à courte échéance.

Je l'ai dit dans ma brochure qui a pour titre *Paris-Capitale* :

« ... Je ne veux pas Paris absorbant, centralisateur, privilégié, dominateur et despote.

» ... Je veux aussi la France indépendante dans de justes limites, sachant que les effets de la centralisation complète sont désastreux, etc.

» ... Je veux également toutes les libertés sages et honnêtes, la liberté de la *Commune* surtout, etc. »

Aux personnes qui veulent, comme l'auteur de ce travail, la France indépendante, je conseille de lire le plus possible de documents historiques :

*Chartes, Municipalités,* etc., afin de se former une opinion sérieuse. éclairée, impartiale et inébranlable à cet égard.

Je ne puis entasser tous ces documents dans une modeste brochure. Au lecteur à faire des recherches plus considérables. Il ne faut jamais reculer devant un moyen quelconque de s'instruire, car s'il vous en coûte souvent de la fatigue, de l'ennui, des désillusions, etc., on est souvent aussi récompensé de sa peine par des découvertes inattendues, des détails curieux, etc., etc.

Je signale en particulier le chapitre VII des *Lettres sur l'histoire de France,* d'Augustin Thierry, qui a pour titre : *Chartes de communes,* et divers passages de l'*Histoire du droit municipal en France,* de Raynouard.

Dans l'*Histoire de France,* de Mézeray, tome Ier, à partir de la page 437, on trouvera des détails sur Louis VI, dit le Gros, un roi remarquable, après tout, mais auquel on a eu le tort d'attribuer le mérite de l'affranchissement des communes.

Le *Dictionnaire de la Conversation,* encyclopédie remarquable et fort utile, doit vous être aussi recommandée.

Puis-je passer sous silence l'encyclopédie du dix-huitième siècle, de Diderot et de d'Alembert ?

Voltaire a écrit :

« L'*Encyclopédie* est un habit d'arlequin où il y a quelques morceaux de bonne étoffe et trop de haillons. »

Lebas prétend que cette publication — publiée de 1751 à 1777 — « prêche le doute philosophique, le déisme, ou le matérialisme, ou l'athéisme. »

Et maintenant, après l'avoir mis sur la voie des recherches historiques, il me reste à dire au lecteur : Instruisez-vous — *Et nunc erudimini.*

Août 1871.

*( Reproduction dans les journaux autorisée. )*

Bordeaux, P.-M. CADORET, impr., rue du Temple, 12.